Nicht jeder kann ein Goethe sein,
mein dichten ist ja nur für hier
und Schiller hol ich auch nicht ein,
das weiß auch mein Papier.

Adele Rehm

Gedichte, die das Leben schrieb

Herausgeber: Robin Rehm

Verlag: tredition GmbH, Hamburg

ISBN
Paperback: 978-3-7323-1934-3
Hardcover: 978-3-7323-2231-2
e-Book: 978-3-7323-2578-8

Printed in Germany

Inhalt

Blick zurück

Kriegszeit

Es gibt im Leben Zeiten die sind wie Viren
die lassen sich nicht ausradieren.
Ich war damals knapp 14 Jahr
als die Kunde kam, dass der Krieg ausgebrochen war.

Man schrieb den 1. September 1939.
Meine Mutter sagte es mir, das weiß ich
noch genau als sei es gestern gewesen
und dann war es in allen Zeitungen zu lesen.

So mancher junge Mann hielt seinen Stellungsbefehl in der
Hand,
dann zog er hinaus und verteidigte unser Vaterland.
Doch manches Opfer war vergebens
und sie standen doch erst in der Blüte ihres Lebens.

Aber es war Krieg, Gehorsam war Pflicht
wir waren so jung und kannten Verzicht.
Was nützte das Geld, man konnte nichts kaufen,
um ein paar Lebensmittel sind wir kilometerweit gelaufen.

Lebensmittelmarken gab es zwar,
man bekam erst was wenn es aufgerufen war.
Bezugscheine brauchte man für Kleidung und Schuh,
doch so'n Schein zu bekommen, da gehörte was zu.

Es wurde gekungelt, man gab manches fort,
wir hatten auch eine Tauschzentrale in unserem Ort.
Manches Tauschobjekt bot
Linderung gewisser Not.

Einige Leute hatten im Stall Ziege, Hühner und Schwein
das konnte ein kleiner Vorteil sein.
Doch musste das Vieh gefüttert werden von Hand
dazu benötigte man ein großes Stück Gartenland.

Steckrüben, Kartoffeln, Kohl, Runkel ernteten wir
damit hatten wir Nahrung für Mensch und Tier.
Die Zeit verging, man wuchs heran
wir hörten uns die Sondermeldungen im Radio an.

Man hielt sich auf in unserer Region,
man musste vorsichtig sein im Umgangston.
Wir wurden geformt, wir hielten zusammen.
Unter uns Freundinnen waren wir ganz unbefangen.

Im Stadthotel im kleinen Saal
da waren wir damals öfter mal.
Wir hörten Musik und wollten nichts versäumen.
Im Radio erklang:
Wovon kann der Landser denn schon träumen.

Oder das Laternenlied: Vor der Kaserne vor dem großen Tor
brachte der Volksempfänger ständig hervor.
Um 21.00 Uhr war Sperrzeit für groß und klein,
da mussten wir alle zu Hause sein.

Und war es mal 10 Minuten über die Zeit
schlug uns das Herz bis zum Hals vor Ängstlichkeit.
Die Verdunkelung ließ kein Lichtlein sehn,
man sang zu Recht: Die kleine Stadt will schlafen gehn.

Wohl war es besser in unseren Zonen
als in einer Großstadt zu wohnen.
Der Bombenhagel, oft Tag und Nacht
hat diese Menschen mürbe gemacht.

Der Luftschutzbunker zu ihrem Terrain gehörte
und nachher sahen sie was man zerstörte.
So hat mancher in den sechs Jahren
die Wirren des Krieges schonungslos erfahren.

Und keiner sage heut: Heil und Sieg.
Wir alle wollen: Nie wieder Krieg.

Ferienzeit

Die schöne Zeit neigt sich dem Ende,
sie hat uns allen gut getan.
Wir reichten uns so oft die Hände
und jedem wurd ums Herz so warm.

Geselligkeit in froher Runde
ist das, was man zu Haus vermisst.
Und das gab's hier zu jeder Stunde,
weil keiner hier alleine ist.

11 Tage hier mal sorgenfrei,
es wurde gelacht, es wurde gesungen.
Entflohen vom Alltags Einerlei,
war schon der erste Tag gelungen.

Am zweiten Tag ging's mit Elan,
zum Shoppen in die Innenstadt.
Der Laden Ströh hatte es uns angetan,
da gab es Auswahl satt.

Ich kaufte mir 'ne schöne Hose,
die musste ich ja anprobieren.
Ich stellte mich nun ganz in Pose,
Frau Krause musst es inspizieren.

Ich musste mich nach vorne bücken,
den Po nach hinten ausgestreckt.
Frau Krause schaute mit Entzücken
und sprach: die Hose sitzt perfekt.

Jeden Tag da gab es was,
was Freude uns beschert,
uns machte alles so viel Spaß
und das hat seinen Wert.

Abends circa 20:00 Uhr
spielten wir: Mensch ärgere dich nicht.
Wir haben gejucht, ja glaubt es mir,
die Lachtränen wurden abgewischt.

Gegen „Mensch ärgere dich nicht" waren wir immun,
wir brachten es auf einen Nenner.
„Lach dich weg" nannten wir es nun,
das Spiel war für uns ein Freudenrenner.

Wir haben gemeinsam viel unternommen,
auch manchmal ging es separat.
Wir alle sind auf unsere Kosten gekommen,
Abwechslung und Erholung haben sich gepaart.

Das Essen – ich muss es nun mal sagen,
hat vorzüglich hier geschmeckt.
Bei uns am Tisch hatte ich den größten Magen,
mein Teller war immer wie geleckt.

Frau Mohrenstecher und Frau Weber
scheuten weder Mut noch Plag.
Und es sagt von uns ein jeder
„Danke" für jeden hier erlebten Tag.

Und treten wir morgen unsere Heimreise an,
erinnern wir uns oft und gern
an 19 Frauen und einen Mann,
wenn wir den Namen „Rothenfelde" hör'n.

Alle fühlten wohl uns hier,
Bad Rothenfelde 2004.

Feste und Feiern

Liebe Gäste

Liebe Gäste zu jedem Feste
wünscht man sich das Allerbeste.
Die Hauptattraktion ist zwar für den Gaumen bestimmt,
doch schadet es nicht wenn das Ohr was vernimmt.

Durch Frohsinn bleibt man lange jung
und Herz und Kreislauf kommen in Schwung.
Was nützt den Menschen Gut und viel Geld,
wenn ihnen Humor, Wärme und Freundlichkeit fehlt.

Man soll sich doch im Leben
nach Möglichkeit viel Freude geben.
Goethes und Schillers Verse aus der Feder
und Schillerlocken kennt ein jeder.

Nicht jeder kann ein Goethe sein,
mein dichten ist ja nur für hier
und Schiller hol ich auch nicht ein,
das weiß auch mein Papier.

Mein Vortrag heute ist gemischt,
hört zu was Euch jetzt aufgetischt.
Die Zeit vergeht, die Schnelligkeit, der Schwung.
..... ist nun auch schon ..... Jahre jung.

Hiermit ist aus Anlass gegeben
ein paar schöne Stunden zu erleben.
Darum hat heute für alle Priorität,
ein Dank für die Einladung der an ..... geht.

Wir Menschen feiern gern auf Erden
wenn wir nur eingeladen werden.
Mein Blick hier in die Runde geht
und stelle fest: Ihr seid alle aus der Pubertät.

Man muss sich ja beim dichten
immer nach dem Publikum richten,
zum Teil seid ihr sogar
schon alle aus die Wechseljahr.

Ob groß, ob klein oder in der Mitte
beim feiern ist es nun mal Sitte,
Geselligkeit du Gaumenschmaus
damit hältst du jede Feier aus.

Schon die alten Germanen verstanden zu leben
die haben sich Met in die Becher gegeben.
Heute brauchen wir bei Getränken
uns nicht nur auf Honigwein beschränken.

Früher haben die Menschen sicher einfacher gelebt,
heute mancher nach höherem strebt.
Doch vom Paradies bis zum Atomzeitalter
wir haben alle denselben Verwalter.

Heute sind wir fortgeschritten,
auch wenn wir hoffen oder bitten.
Jede Ära geht zu Ende,
für alles gibt es mal 'ne Wende.

Heut singt man kaum noch im ¾ Takt ein Walzerlied,
Guildo Horn singt: piep-piep-piep, der hat uns lieb.
„Beschissen war die Nacht" singt Wolfgang Petry,
und die Fans schreien – aber wie.

Wollbänder um den Arm war schick,
das war für ihn der letzte Kick.
„Barfuß oder Lackschuh" war Harald Juhnkes Lied,
er selber barfuß in den Ruin sich trieb.

Stefan Raab gewann bei 'ner Vorentscheidung beim Grand Prix.
Der grölte, der schwitzte und der schrie
sein Lied: Wadde, hadde, dudde da,
der Text ist mir bis heute noch nicht klar.
Hatte keinen Duden da.

Tic-Tac-Toe sangen: Verpiss dich,
ja, so ändern die Zeiten sich.
Es ist erstaunlich wie mancher es schafft
und mit Blödsinn Karriere macht.

Blödel Otto, der Ostfriese,
Ballermann-Leute wie diese,
Nina Hagen, dies Schreckgespenst,
hast nichts verpasst wenn'se nicht kennst.

„Ich tanze mit dir in den Himmel hinein"
sowas fiel zu unserer Zeit den Textdichtern und Komponisten
ein.
Langsamer Walzer – gefühlvoll und mit Herzenswärme
tanzten wir danach so gerne.

„Hörst du mein heimliches Rufen" war auch so'n Hit,
oder der Gassenhauer: „Komm zurück!"
„Roter Mohn, warum welkst du denn schon"
sang Rosita Serrano mit herben Ton.

„Nur nicht aus Liebe weinen"
riet Zarah Leander einem.
Es gab damals so schöne Lieder und tolle Schlager,
gesungen von Rudi Schuricke, Gerhard Wendland und Willy
Hagara.

Jimmy Makulis: „Gitarren klingen leise durch die Nacht"
hat uns immer zum schmelzen gebracht.
Heute ist das alles Nostalgie,
die Jugendzeit wiederholt sich nie.

Ehen werden geschlossen – geschieden,
scherzen, lachen, hassen, lieben.
Es trennten sich schon Jessica Stockmann und Michael Stich.
Auch Barbara von Boris Beckers Seite wich.

Bum – Bum Becker in der Besenkammer
zeugte er die kleine Anna.
Angela Ermakova hat mit Bedacht
den Tennisstar zum Vater gemacht.

Sie lebt heute in der Hautevolee auf dieser Welt
mit Boris Beckers Kindergeld.
Man muss nur etwas Raffinesse zeigen
und man gehört zu den Jet-Set Kreisen.

Dagmar lief Ralph Siegel weg,
Naddel stand nicht auf ihn, welch ein Pech.
Man sieht doch, dass das Geld allein
auch nicht reicht zum glücklich sein.

Roberto Blanko hatte es auch mal vollbracht
und teilte sich mit einem Fan die Nacht.
Ein bisschen Spaß muss sein,
da stellte sich der Nachwuchs ein.

Dieter Bohlen hatte man mal erwischt,
beim knattern auf dem Zuschneidetisch.
Bei Ex Verona hinterlässt es keinen Ruck,
die interessiert sich für den Spinat mit dem Blubb.

Beckenbauers Vaterschaft,
wer hätte das von ihm gedacht.
Er tauschte seine Sybille gegen Heidi ein, für wahr,
da gab's Heidi – Heida – Heitrallala.

Die Folgen waren sonnenklar,
Heidi ihm zwei Kinder gebar.
Berti Vogts, Effenberg, Oliver Kahn,
ja, ja die Leidenschaft mit ihrem Wahn.

Sie alle außerhalb testen,
ja – junges Gemüse schmeckt eben am besten.
Manchen Menschen bringt Geld und Gut,
Größenwahn und Übermut.

Viele Prominente könnte ich noch nennen,
unsere Politiker liegen auch gut im Rennen.
Gerhard Schröder seine Doris ist Nummer vier,
Joschka Fischer hält mit Minu Nummer fünf als Zier.

Lafontaine ist erst bei drei
und wie viele gibt es bei manchen noch nebenbei.
Brandt, Waigel, Seehofer wären noch zu nennen,
sie alle fremde Nester kennen.

Doch jeder von uns hat seine Schwächen, seine Laster,
und das bleibt auch so – basta.
Es bleibt auch so, dass in den nächsten Stunden
wir miteinander sind verbunden.

Uns allen wünsche ich ein schönes Fest
dass leider den Gastgeber das Konto schrumpfen lässt.

Feiert die Feste und Ihr seht,
feiern erzeugt Lebensqualität.

Der Rentner

Hurra – hurra, es ist bekannt,
…… ist nun im Ruhestand.
Nach über 40 Jahren Tätigkeit,
er sich auf seine Pensionierung freut.

Er hat's verdient nach all den Jahren,
nicht immer war alles leicht zu ertragen.
Für seine Frau als Nutznießerin
bekommt das Leben jetzt einen anderen Sinn.

Die hat ihren Mann jetzt rund um die Uhr,
eine neue Zeiteinteilung hilft da nur.
Oh wie schön ist's auf der Welt,
wenn man zu den Rentnern zählt.

Morgens wird erst ausgepennt
und beim Frühstück wird geschlemmt.
In Ruhe kannst Du Zeitung lesen,
was mal kommt und was gewesen.

Hälst 'nen Snak übern Gartenzaun,
ohne nach der Uhr zu schauen.
Als Rentner sind plötzlich Interessen vorhanden,
an Dingen, die früher keine Beachtung fanden.

Weil der Stress und die Zeit Dich immer trieb,
kannst Du nun nachholen was früher liegenblieb.
Du hast Dein Haus, hast Deinen Garten,
nimmst mal 'nen Besen, mal 'nen Sparten.

Guckst nach Gurken und Tomaten,
kannst Dein Auto öfter starten.
Oh wie schön ist's auf der Welt,
wenn man zu den Rentnern zählt.

Machst hier und da 'nen Kurztrip hin,
wenn Dir mal steht danach der Sinn.
Kannst besuchen jederzeit
einen Rentner der sich freut.

Kannst in Muse dich verweilen,
brauchst nicht mehr hetzen, nicht mehr eilen.
Kannst wandern oder ruhst Dich aus,
gibst mal 'ne Feier in Saus und Braus.

So hält man sich fit, wird nicht schnell alt,
von selber kommt ja das Gehalt.
Oh wie schön ist's auf der Welt,
wenn man zu den Rentnern zählt.

Du wirst sehen wie schnell so ein Tag
zu Ende geht, ohne Stress und ohne Plag.
Mit vielen stimme ich überein:
Schön ist es ein Rentner zu sein.

Vorausgesetzt es einen keine Krankheit trübt
und man über das nötige Geld verfügt.

Denn das Wichtigste in unser aller Leben
ist die Gesundheit und wem die gegeben
soll dankbar und zufrieden sein,
dann stellt sich das Glück von alleine ein.

Der Mensch macht Pläne und er denkt,
doch der Herrgott unsere Wege oft in eine
andere Richtung lenkt.

Und darum stimmt alle mit mir ein:
„Schön ist es ein Rentner zu sein.“

Mein Mann

Nach einer feucht fröhlichen Feier schaut mich mein Mann
wie ein kaputtes Auto an.
Die Blinker strahlen dunstig hell,
massiv ist noch das Fahrgestell.

Die Räder bleiben manchmal stehn
wenn sie eine Steigung sehn.
In den Gängen es manchmal knackt,
nur der Auspuff – der ist noch intakt.

Den ganzen Tag kann man vergessen,
ich liege dann nur mit Kompressen.
Es dreht sich wie ein Karussell,
mal langsam und dann wieder schnell.

Mein Mann zieht's Bett sich übern Kopf,
ich seh grad noch drei Haare von seinem Schopf.
Auf einmal – oh wie ist's gemein,
stellt sich ein Wadenkrampf nun ein.

Er, schmerzgeplagt jetzt emporschnellt
und sich auf beide Beine stellt.
Hüpft von einem auf's andere, sieht aus verwegen,
Rumpelstilzchen ist nichts dagegen.

Ich seh ihn jetzt hantieren
mit Fußbalsam sich zu massieren.
Dann nimmt er noch den Franzbranntwein,
reibt seine Waden tüchtig ein.

Japanisches Heilöl reibt er an Schläfen und Stirn,
das durchblutet gut das Gehirn.
Dann nimmt er ärgerlich und dreist
'nen Tropfen Kräuterfrau-Melissengeist.

Von neuem legt er sich nun schlafen,
doch das ist wohl nur was für die Braven.
„Hick" sprach nämlich jetzt das Bier,
nun bin ich ja wieder hier.

Auch die Blase ist stets voll
und es drückt der Alkohol.
Als endlich ich denke: er ist am schlafen,
da fängt er auch noch an zu schnarchen.

Ich drück seine Nase, in der es richtig gluckt,
dabei hätte er sich bald verschluckt.
Es nützte nichts, ich nahm mein Bett, oh weh
und ging damit aufs Canapé.

Am nächsten Morgen zeigt er dem Spiegel sein Gesicht,
er guckt und sagt: dich kenn ich aber nicht,
ich habe dich noch nie gesehn
aber ich wasche dich trotzdem.

Wer feiern will der muss auch leiden,
das lässt sich meistens nicht vermeiden.

Liebe Leute, ich habe Euch geschildert die Nachwehen nun,
aber vielleicht seid Ihr alle dagegen immun.

Hallo Freunde – Hallo Fans

Hallo Freunde – Hallo Fans,
mir wieder auf der Seele brennt's,
für Euch zum Schmunzeln ein paar Verse,
zurechtgerückt ganz in diverse.

Sachen, die heut aktuell
oder sie waren sensationell.
Manches habe ich auf's Korn genommen,
für Stimmung müsst ihr allein aufkommen.

Auf dieser Feier wollen wir lustig sein,
der Alltag holt uns viel zu schnell wieder ein.
Es lässt sich einfach nicht bestreiten:
Das Leben hat nun mal zwei Seiten.

Bist du interessiert am Weltgeschehen,
kannst du manches nicht verstehen.
Schlägst du morgens die Zeitung auf,
liest was da gedruckt steht drauf.

Kannst du es manchmal gar nicht fassen,
was geschieht, wenn Menschen hassen.
Es ist ein Stress überall heut,
kaum einer hat noch für den andern Zeit.

Abends guckt man in die Glotze hinein,
was da gezeigt wird, ist nicht immer stubenrein.
Heut spielt man Tennis, Billard, Golf,
man liest nicht mehr Grimms Märchen: Rotkäppchen und der
Wolf.

Man schreckt doch heut vor nichts zurück,
setzt Brandanschläge, übt Kritik.
Selbst wenn Menschen dabei zu Schaden kommen,
es wird alles hingenommen.

Rinderwahnsinn, Schweinepest,
uns alle erschrecken lässt,
Salmonellen in Geflügel und Ei,
was ist heut noch einwandfrei.

In Babynahrung Schadstoffwerte,
diese Nachricht sehr empörte.
Aufruhr herrscht bei allen Müttern,
womit sollen wir unsere Babys füttern?

Was hat man auch noch für 'ne Wahl,
bei diesem schlimmen Aids-Skandal.
Brauchst du eine Bluttransfusion, weißt du nie genau,
ist das Blut rein oder ist es HIV.

Umstritten sind die Füllungen Amalgam,
auch da erkrankten Leute dran.
Teppichböden, Holzstruktur,
nichts ist heute noch Natur.

Das Ozonloch ist Schuld daran,
dass man nicht lange in der Sonne liegen kann.
Wer es übertreibt ist in Gefahr
und später ist der Hautkrebs da.

Wir sind schockiert, man ist perplex,
heut gibt's sogar Computersex.
Uns fehlen manchmal auch die Worte,
ein Baby gibt's aus der Retorte.

Und werden Menschen erst geklont,
in denen ein identisches Erbgut wohnt.
Eine Frau lebt heute glücklich ohne Mann,
weil Beate Uhse helfen kann.

Intime Fragen werden heute öffentlich ausdiskutiert,
früher hätte man sich vor so etwas geniert.
Man hört Erika Berger und sieht Tutti-Frutti,
man muss schon aufpassen als Mutti.

Wenn's Kind mal heimlich still
den Videorecorder will.
Diese Sendungen sind zwar spät,
doch auf's Band nehmen – das geht.

Und sind die Eltern einmal fort,
beguckt man sich den Liebessport.
Wenn Oma einmal ausversehen,
auf's Knöpfchen drückt – kann nicht verstehen.

Was da gezeigt wird – welche Lagen,
da braucht sie nur den Enkel fragen.
Und Oma noch errötet spricht,
„Ich versteh die Welt heut nicht."

Früher trug jeder sein Äußeres ungeniert,
heute wird manches manipuliert.
Manche Frau, man glaubt es kaum,
trägt heute eine Brust aus Schaum.

Sie unterzieht sich einer Schönheitsoperation,
prall wird die Brust durch Silikon.
Die Oberweite wächst enorm,
jede Brust ein dickes Horn.

Manch einer sich daran erschreckt,
und stuft sie ein als Lustobjekt.
Mit Ausschnitten sehr tief dekolletiert,
die Haare untern Armen abrasiert.

Mit bebendem Busen und wiegenden Hüften,
mit geheimnisvoll umwehten Düften.
Mit einem Blick, wobei alles vibriert,
die Lippen mit feurigem Rot beschmiert.

Das ganze Antlitz ist chanchiert,
die Nägel an Händen und Füßen lackiert.
Sie fühlt sich in ihrem zarten Gewebe,
wie am Weinstock die pralle, süße Rebe.

Das ist die Frau von der man spricht,
die taugt zur Liebe – die alle Schranken bricht.
Und Ernie uns nackend im Lande erschreckt,
der hat seinen Körper als Kunstwerk entdeckt.

Der flitzt daher im Adamskostüm,
am meisten da, wo die Leute ihn sehen.
Der will mit seiner Nacktheit protzen,
also ehrlich gesagt: Ich find's zum Kotzen.

Stellt Euch vor: Es würde Mode und Kleidung tabu,
dann machte die Textilienindustrie auch noch zu.
In dem Zeitalter in dem wir leben,
hat der Fortschritt viel gegeben.

Und wer weiß in 50 Jahren,
wir werden es nicht mehr erfahren.
Wie es auf dem Erdenball
dann so aussieht überall.

Die Erinnerungen kommen und gehen,
man muss der Realität in die Augen sehen.
Vergesst nicht das Gestern, aber denkt auch an morgen,
in jeder Epoche gibt's Freude und Sorgen.

Und wovon hört man heute alles in der Welt,
es dreht sich vieles um Liebe und Geld.
Geiseldrama und Flugzeugentführung,
Agententätigkeit mit perfekter Berührung.

Bankeinbrüche am laufenden Band,
mal fasst man sie, mal bleiben sie unerkannt.
Schlägereien mit Mummenschanz, welch ein Vergehen,
weil sie nicht ehrlich zu ihrer Sache stehen.

Geschäftemachen ist ein Bestreben,
in der Zeit in der wir heute leben.
Schadenhafte Stoffe waren schon in Käse und Wurst,
was sollen wir trinken, wenn uns quält der Durst.

Im Obstkorn hatte man auch schon was entdeckt,
und der hat uns auch mal allen geschmeckt.
Glykol im Wein – das ist zu viel,
wir wollen keine Wiederholung von Tschernobyl.

Auf Transparenten macht man klar,
wie's werden soll oder wie's war.
Man legt sich auf die Straße glatt,
damit die Polizei auch viel zu tun hat.

Ob Terror oder Phantasie,
ob Freundschaft oder Bigamie,
ein jeder liebt, wie es ihm gefällt,
es gibt nur <u>ein</u> Leben auf dieser Welt.

Lasst uns so lange uns gegeben,
schöne Stunden noch erleben.
Denn jedes Menschenherz braucht Licht,
ganz ohne Sonne geht es nicht.

Lasst Frohsinn durch eure Herzen weh'n
das wünscht Euch Eure Adele Rehm.

Ich grüße euch

Ich grüße Euch, Ihr lieben Gäste,
Heiterkeit gehört zum Feste.
Dann soll eine Feier gut gelingen,
muss man etwas Stimmung bringen.

Gibt jeder Mal sein Bestes her,
fällt es meistens auch nicht schwer.
Wir sind schon lange auf dieser Welt,
bei uns haben sich Erfahrungen eingestellt.

Wir können berichten wie die Zeit früher war,
für manchen ist das heute nicht mehr nachvollziehbar.
Manches Thema bewegt die Leute,
wie war es früher, wie ist es heute.

Schnell nehmen die Jahre ihren Lauf,
wir Menschen halten sie nicht auf.
In längst zurückliegenden Jahren, man besinnt sich heut,
hat sich viel verändert in vergangener Zeit.

In Wirtschaft, in Technik, in jedem Bereich,
manches ist nicht mehr wie früher gleich.
Wir leben ja schon in dritter Generation
und gehören fast zu den Alten schon.

Doch immer mitgemacht im Trubel der Zeit,
manches uns ärgert, manches uns freut.
Früher tanzte man Walzer gern,
auch Fox und Tango waren beliebt bei Damen und Herrn.

Das Wiegen und Tanzen, wie war das schön,
man konnte sich dabei noch in die Augen sehn.
Heut tanzt man Rock 'n' Roll, Lambada, Calipso und Slop,
man wackelt mit den Hüften und springt so hopp – hopp.

Man tanzt sich sogar schon fast in Ekstase
und kommt sich vor wie ein hüpfender Hase,
Damals sang man auch schon laut und leise,
ein jeder Pfiff auf seine Weise.

Heut nennt man das Schnulzen, oh weh – oh weh,
man singt heut: da – da – da und yeh – yeh – yeh.
In lauten Diskos, bei gleißendem Licht,
da tanzen sie – viel Platz brauchen die nicht.

Man isst heute Pizza, Schaschlik und ein chinesisches Gericht,
so was kannten wir früher alle nicht.
Blue Jeans und Tennisschuhe sind heute der Trend
und nicht wie früher Krawatte und Hemd.

Auch dürfen die Hosen geflickt oder durchlöchert sein,
aus Prestige, egal ob am Po, Knie oder Bein.
In unserer Jugend fuhr man Fahrrad, ob er oder sie,
heut hat man vier Räder – mit Karosserie.

Ein Zylinder wie Opa ihn trug, schätzen die
Jugendlichen nicht sehr,
aber sechs Zylinder umso mehr.
Wir hatten früher viel Spaß, aber wenig Geld
und die Weichen wurden auf Sparsamkeit gestellt.

Heut liebt man Beat und Sexy sehr,
nicht zugeknöpft bis oben mehr,
Beim Baden die winzigen Tangas machen zwar heiß,
doch wenig Stoff und hoher Preis.

Früher bei uns war man sehr genau,
heut zeigt man viel mehr Fleischbeschau.
Die jungen Mädchen tragen Mini, weit übers Knie,
so was durften wir früher nie.

Darunter der Slip – nur zentimeterbreit.
Was waren Omas Schinkenbeutel dagegen weit.
Unser Opa trug Hosen aus Plüsch und Flanell,
heut trägt man Mode von Joop, Lagerfeld oder Chanel.

Die engen Slips bei den Männern kaum alles verdecken,
Opas Po konnte sich in seiner langen „Unnerbüx" richtig
strecken.
Schlafen legt man sich heut ohne Nachthemd oder Pyjama,
man benutzt Decken aus Cashmere und Lama.

Die Männer finden's auch ganz toll,
schläft die Frau in „Babydoll".
Es erweckt die grauen Zellen,
man merkt es an gewissen Stellen.

Wird man dann allmählich älter,
gelassener, langsamer und auch kälter,
hat mancher heimlich dran gedacht
und er greift zum Selleriesaft.

Früher brauchte man keinen Stärkungstrunk,
da war man jederzeit in Schwung.
Heut fließt etwas ruhiger das Blut durch die Adern,
doch das ist noch lange kein Grund um zu hadern.

Wir sind noch lange nicht abstinent,
man hat Erfahrung und die Reizzone kennt.
Man lässt sich mehr Zeit bei vielen Dingen,
ohne Anstrengung ist manches nicht mehr zu vollbringen.

Der Lack ist ab, vorbei die Glut,
doch ein kleines Feuer tut immer noch gut.
Unsere Omas die gingen früher mit Nachtjacke und Mütze
ins Bett,
doch darin fand Opa sie auch reizvoll und nett.

Die gingen auch früher früh schlafen um Strom zu sparen,
nur hinterher hatten sie so an die 12 Blagen.
Die Vorfahren hatten früher auch Schwund
heute gibt's Geburtenregelung.

Mit Aufbauspritzen und Frischzellenkur
hält man den Geist fit und die Figur.
Mit Trenndiät rückt man den Pfunden zu Leibe.
Ins Bräunungsstudio geht man zum Zeitvertreib.

Das Gebiss kommt nachts nicht mehr in die Tasse hinein,
der Zahnarzt setzt jetzt Implantate ein.
Du hälst im Munde ein Vermögen fest,
das sich nicht wieder vererben lässt.

Heute ist der Vater meist glatt rasiert,
der Sohn mit einem Bart sich ziert.
Des Vaters Haare gepflegt auf dem Kopf,
der Sohn trägt oft modisch einen Zopf.

Haarspray und Duschgel heut jeder besitzt,
früher nahm man Kernseife und der Fall war geritzt.
Eu de Cologne und Eu de Toilette, was so betörend riecht,
dafür hatten Opa und Oma das Geld früher nicht.

Oswalt Kolle klärte auf schon zu unserer Zeit,
doch sicherer lebte man mit Enthaltsamkeit,
mit der Pille ist das heut famos,
die Freiheit – sie ist grenzenlos.

Mit Schwung geht man heute in den Lenz,
es gibt Viagra für die Potenz.
Wer unsicher ist und nicht weiß wie man liebt,
den Erika Berger noch gute Ratschläge gibt.

Früher hat man sechs uns als Zahl gelehrt,
heute hat das ja einen anderen Stellenwert.
Opa und Oma entspannten sich abends auf der Bank vor dem
Haus,
heut fliegt man in die weite Welt hinaus.

Norwegen, Dänemark, Finnland, Schweden,
Auswahl gibt es heut für jeden.
Italien, Österreich und die Schweiz
haben den besonderen Reiz.

*Frankreich, Spanien, Portugal
waren viele auch schon mal.
Ungarn, Griechenland, die Türkei
Mexiko, die Bahamas und Hawaii*

*gelten heute als Reiseziel.
Unsere Vorfahren befassten sich mit solchen Plänen nicht viel.
Wie das Leben auch immer ist,
was man nicht kennt, man auch nicht vermisst.*

*Doch eins liebe Leute sei noch gesagt:
Humor ist in jeder Generation gefragt.
Wer den besitzt und auch behält
für den ist manches leichter in der Welt.*

*Und wer sich gegen Stimmung bäumt,
der hat im Leben viel versäumt.
Weil es uns auf dieser Welt
allen hier so gut gefällt*

*genießen wir heut weil man uns lässt,
dieses wunderschöne Fest.
Ich wünsche Euch allen, dass noch viele Jahre
die Uhr nur frohe Stunden schlage.*

Opa und Oma

Ein paar Sprüche
aus längst vergangener Zeit
habe ich nun
für euch bereit.

Wie unsere Großeltern ihr Leben gelebt,
vieles war mit Sparsamkeit durchwebt.
Mit der heutigen Zeit werden wir konfrontiert,
doch jetzt hört mal zu, wie es früher ist passiert.

Wir leben heute ja in einer freizügigen Welt,
die haben wir Alten uns in einigen Dingen anders vorgestellt.
Sextourismus, Gruppensex,
wir Alten sind ja ganz perplex.

War früher ein Ausschnitt mal tief dekoltiert,
war man gleich kompromitiert.
Bettszenen im Fernsehen, gemischte Sauna,
wir betrachteten früher Flora und Fauna.

Mein Opa kannte nicht die Antibabypille,
auch nicht die Anzahl der Promille.
Doch lebte er mit wenig Geld,
zufrieden in seiner heilen Welt.

Er hatte keine Heizung die Wärme bringt,
er hat seinen Ofen noch selbst angezünd.
Vor dem saß er abends mit versonnenem Blick.
Nun sagt doch mal ehrlich, hatte mein Opa kein Glück!?

Mein Opa hat noch 48 Stunden zur Arbeit gemußt,
die schaffte er gut, sogar noch mit Lust.
Und abends ging er noch in seinen Garten,
mit Karre, Hacke und mit Spaten.

Sonntags kam Besuch ins Haus,
da gab´s für alle einen Schmaus.
Es wurde erzählt und sie saßen da
Und hörten zu wenn Opa spielte auf der Mundharmonika.

Opa liebte und küßte nie nach Oswald Kolle,
nee, Opa blieb immer und stets der Olle.
Er kannte keine Tabletten, erst recht keine Pillen,
und § 218 – um Gottes Willen.

So kam – völlig ohne Kindergeld –
noch als 9. Kind unser Papa zur Welt.
Und hätts den nicht gegeben, da wette ich für,
dann stände auch ich heute abend nicht hier.

Und so denk ich gern an den Opa zurück,
er war irgendwie doch wohl ein ganz gutes Stück.

Karnevalszeit

Wir kommen nicht aus Mainz, nicht aus Kölle am Rhein
am Rosenmontag muss hier keiner geboren sein.
Die Jecken regieren weit und breit
humorvoll die 5te Jahreszeit.

Kostümiert stellt man sich zur Schau,
man ruft „Alaaf" oder „Helau".
Mit dem Dreigestirn: Prinz, Bauer und Jungfrau allemal
feiert man den Karneval.

Es wird geschunkelt, gesungen, gelacht und geliebt,
doch wer sagt denn, dass es das bei uns nicht gibt.

Wenn man auch sagt: der Lipper ist stur,
das stimmt nicht, bei uns gibt's auch manch Frohnatur.

Und in dieser Runde wir zeigen es schon
wir sind von den Kölnern die Imitation.

Im Karneval, da wurde gesungen
das ist einen bis in die Haarspitzen gedrungen.

Ich möcht so gern mit Dir allein,
auf einer kleinen Insel sein.
Eine Woche, oder einen Monat, oder ein Jahr.
Wir kuscheln dann ganz inniglich
und dabei gibt's nur Du und ich.

Eine Woche oder einen Monat oder ein Jahr.

Auf einer Insel nur wir zwei, das wär so wunderbar
wir träumen lange noch danach was alles dort geschah.

Ich habe mit gesungen und auf einmal war ich schockiert,
aus dem Alter bist'e raus, da hab ich es anders formuliert.

Wenn ich nur meine Ruhe hab
und keiner hält mich stets auf Trab.

Eine Woche, oder einen Monat oder ein Jahr.
Auf's Sofa dann, die Beine hoch
und leg die Händ' in meinen Schoß.

Eine Woche, oder einen Monat, oder ein Jahr.

Doch wenn man einmal unverhofft entflieht dem Alltagstrott
ist man erstaunt und mittendrin, wie ist man wieder flott.
Ich denk zurück wies früher war
da tanzte man mal Cha-Cha-Cha.

Eine Woche, oder einen Monat, oder ein Jahr.

Die Jugendzeit ist längst vorbei
doch die Gedanken die sind frei.

Eine Woche, oder einen Monat, oder ein Jahr.
Für jeden gibt's im Leben was schön und einmalig war.

Es muss nicht immer Karneval sein
schön ist es auch in diesen Reih'n.
Man hegt und pflegt die Geselligkeit
man hört was aus vergangener Zeit.

Und dabei stellt man leider fest,
dass sich die Zeit nicht anhalten lässt.
Blickt man zurück nach vielen Jahren –
ist das Leben oft Achterbahn gefahren.

Wir lassen uns das Leben nicht verdrießen,
mit Humor lässt es sich stets versüßen.
Wie schön, dass es Euch gibt!
Zum Abschluss noch einen Vers von meinem Lied.

Gesundheit, Glück und Wohlergehn,
das wünscht Euch allen Adele Rehm
für die ganze Zeit – wo Ihr auf Erden seid.

Liebe Freunde – ob Mann oder Frau
*ich verabschiede mich heute mit **Oerli**-Helau.*

Goldkonfirmation

Liebe Goldkonfirmanden, ehemalige Mitschüler
und Schülerinnen,
mit diesen Worten möchte ich beginnen.
50 Jahre sind vergangen,
damals haben wir auch gemeinsam Gottes Segen empfangen.

Wir waren 14/15, wo sind sie geblieben,
die Jahre, die längst hinter uns liegen.
Sie eilen dahin – man merkt es kaum,
viel zu schnell vergehen Zeit und Raum.

Ist unser Leben auch mal von einem Tief durchzogen,
immer wieder glätten sich die Wogen.
Doch die Jugend gibt es einmal nur,
wir wandeln auf des Herbstes Spur.

Ich bin, wie manch anderer, sehr erfreut,
dass mancher den weiten Weg nicht scheut.
Um bei diesem Ereignis dabei zu sein,
ein Glied in der Kette, in unseren Reihen.

Um gemeinsam ein paar frohe Stunden zu verbringen
und zusammen lachen, erzählen und singen.
Von Vergangenheit und Gegenwart wird gesprochen,
die Zukunft steht bei vielen noch offen.

Denkt man zurück nach so vielen Jahren,
was alles man hat so erfahren.
Als man erblickte das Weltenlicht
war man so ein ganz kleiner Wicht.

Man lernte laufen, denken, reden,
entwickelte sich wie's einem gegeben.
Als Mädchen oder Bube
waren wir gut aufgehoben in der Kinderstube.

Viele Episoden gibt es im Leben,
Kindheit, Schulzeit war uns allen gegeben.
Denken wir an die Schulzeit, so war sie doch schön,
nur damals fanden wir sie nicht immer angenehm.

Wir rufen uns mal die Erinnerung wach,
manch einer denkt an's Deutsch – oder Mathe-Fach.
Wie wir Diktate und Aufsätze geschrieben,
im letzten Schuljahr sprach man schon vom Verlieben.

Wir waren noch nicht so aufgeklärt wie heute,
doch etwas verliebt uns auch schon erfreute.
Das Schönste von der Schulzeit waren die Ferien jedoch,
von denen träumt heute mancher noch.

Wie wir auf dem Schulhof unsere Stullen gegessen,
die Pausen waren für uns immer viel zu kurz bemessen.
Und immer wieder in die Klasse hinein,
Disziplin und Wissen paukte man uns ein.

Und schrieb man 'ne Arbeit, hat man innerlich geflucht,
manchmal hat man die Lösung beim Nachbarn gesucht.
So haben wir unsere Schulzeit vollbracht,
wie haben wir damals oft kindhaft gelacht.

Unsere Lehrer: Holzkamp, Hunke, Möller, Wittenberg
und Echterling,
wenn der stets durch die Reihen mit den Händen auf
dem Rücken ging.
Er wurde von uns nur „Borse" genannt,
unter diesem Namen war er in allen Klassen bekannt.

Bei Möller hatten wir Zeichnen und ich glaub auch Physik,
aber bei wem die Fächer: Geschichte, Erdkunde, Religion und
Musik?
Wittenberg gab sich mit uns viel Müh, er war oft direkt,
er verschaffte sich bei seinen Schülern Respekt.

Auch Hunke war streng, das muss wohl oft sein,
denn gelernt haben wir bei ihm viel, das gesteh ich mir ein.
Mit Frau Tölle kamen wir beim Turnen gut über die Runden,
sie opferte uns Mädchen viele Handarbeitsstunden.

Herr Diekmann war Rektor zu Anfang der Schulzeit,
man nannte ihn „Bulla", das weiß ich noch heut.
Lehrer Hunke hat danach das Amt übernommen,
bis er in den Ruhestand gekommen.

Bei Holzkamp wurden wir eingeschult – lang ist es her,
58 Jahre – so ungefähr.
Und manchen, der damals auch mit uns war per „Du",
deckt heute schon lange die kühle Erde zu.

Der Krieg forderte Opfer, es war manches vergebens,
sie standen doch erst in der Blüte des Lebens.
Auch durch Krankheit wurde vielen das Leben genommen,
diese alle sollen heut in Gedanken bei uns einen Platz
bekommen.

Die Schulzeit man doch nie vergisst,
weil sie ein Lebensabschnitt ist.
Den Jugendträumen sind wir längst entfloh'n,
weil wir erwacht sind, lange schon.

Doch wollen wir mal ehrlich sein,
es gab mal Regen und mal Sonnenschein.
Der Mensch macht Pläne und er denkt,
doch der Herrgott unsere Wege oft in eine andere Richtung
lenkt.

Manche Strecke, die der eine wanderte im Tal,
kennt der andere nicht einmal.
Und ist das Haar bei manchen grau meliert,
es zeugt davon, dass man älter wird.

Die Erinnerungen kommen und gehen,
man muss der Realität in die Augen sehen.
Vergesst nicht das Gestern, aber denkt auch an morgen,
in jeder Epoche gibt's Freude und Sorgen.

Wovon hört man heute alles in der Welt,
es dreht sich vieles um Liebe und Geld.
Geiseldrama und Flugzeugentführung,
Agententätigkeit mit perfekter Berührung.

Bankeinbrüche am laufenden Band,
mal fasst man sie, mal bleiben sie unerkannt.
Schlägereien mit Mummenschanz, welch ein Vergehen,
weil sie nicht ehrlich zu ihrer Stelle stehen.

Geschäftemachen ist ein Bestreben,
in der Zeit in der wir heute leben.
Schadenhafte Stoffe waren schon in Käse und Wurst,
was sollen wir trinken, wenn uns quält der Durst.

Im Obstkorn hatte man auch schon was entdeckt,
und der hat uns auch mal allen geschmeckt.
Glykol im Wein – das ist zu viel,
wir wollen keine Wiederholung von Tschernobyl.

Eure Liebesbeziehungen dürft ihr nicht ausweiten,
sonst könnte sich Aids noch mehr verbreiten.
Die Pille hat die Menschen enthemmt,
die Liebe oft keine Grenzen kennt.

Passt einem was nicht, es wird nicht akzeptiert,
dann wird mal eben demonstriert.
Auf Transparenten macht man klar,
wie's werden soll – oder wie's war.

Man legt sich auf die Straße glatt,
damit die Polizei auch viel zu tun hat.
Ob Terror oder Phantasie,
ob Freundschaft oder Bigamie.

Ein jeder lebt wie es ihm gefällt,
es gibt nur ein Leben auf dieser Welt.
Lasst uns so lange, wie es uns gegeben,
schöne Stunden noch erleben.

Denn jedes Menschenherz braucht Licht,
ganz ohne Sonne geht es nicht.
Drum lasset auch heute Frohsinn und Humor nicht entweichen,
denn diese setzen ein Zeichen.

Dass beim gemütlichen Beisammensein
alle sich darum erfreuen.
Und wenn wir uns nachher dann wieder trennen,
„Es war doch sehr schön" wir sagen können.

Ich hoffe, dieser Tag bleibt Euch in Gedanken angenehm,
es wünscht Euch für das weitere Leben alles Gute
Adele Rehm.

Sippentreffen (München - September 1983)

Hallo Ihr Freunde jung und jünger
ich grüße Euch, das schickt sich immer.
Cousins, Cousinen, wie wir es bekürten,
die echten und die imitierten.

Wir zeigen mal wieder Geschlossenheit,
die Sippe hält zusammen, wie alle das freut.
Schon unser Nachwuchs ist nicht abgeneigt
und Interesse an der Sache zeigt.

Die haben's schon im Innern drin
und zeigen den Familiensinn.
Wir haben es denen vorgemacht
weil jeder von uns doch gerne lacht.

Darum Ihr Lieben, Ihr Verwandten,
weil wieder mal wir schön es fanden,
die Feste feiern wie sie fallen
und zwischendurch gefällt's uns auch noch allen.

So plante man diese Feier heiter und keck
voriges Jahr im März schon in Berlebeck.
Man fasste ganz schnell den Entschluss,
nach München fahr'n wir mit 'nen Bus.

Was soll das feiern auch für ein paar Stunden,
man muss es schon auf Tage abrunden.
Weil Friedhelm und Monika hier wohnen
muss sich das Beisammen sein ja auch lohnen.

Wie gesagt die Fahrt war vor 1 ½ Jahren geplant,
vielleicht hat mancher vorher im Atlas gekramt.
Wo fahren wir her? Unser Land ist so schön!
Und die Reise wird sicher ganz angenehm!

Als wir dann erhielten von Marlies und Paul den Brief
der uns zur Anmeldung rief,
da stieg bei uns die Freude – es ist doch famos,
in diesem Jahr ist bei uns schon wieder was los.

Manch einer neidisch auf uns blickt
weil sich zum feiern nicht jeder schickt.
Das kann man nur mit Menschen machen
die gerne froh sind und gern lachen.

Und schaut Euch in der Runde um,
die Bierwirth's haben dies Fluidum.
Was die auch tun, wo sie sich zeigen,
die Stunden viel zu schnell sich neigen.

Nun sind wir hier, in unseres Landes Süden.
Mit ihrer Wahlheimat sind Friedhelm und Monika
sicher zufrieden.
Doch inzwischen ist ja Monika
die Mama von Claudia.

So ist das Leben – ein Kommen, ein Gehen
und von unseren Alten sind leider nicht mehr viele zu sehen.
Drum lasst uns genießen auch heute mal wieder
und lasst uns singen ein paar fröhliche Lieder.

Sollte es wie im vorigen Jahr ein Malheur wieder geben,
dass die Butterbrote hinten an der Hose kleben.
Mit der belegten Seite noch nach innen
und das Fett konnt so richtig in den Stoff hinein dringen.

Sie saßen da wie große Flicken
manch einer lachte vor Entzücken.
Sie saßen da wie festgeklebt
und diese Hose die Stimmung hebt.

Das war ein Muster auf der Bux,
doch der eine hat den Schaden, der andere den Jux.
Und manche Hand kam hilfsbereit
und hat die Brote von der Hinterseite befreit.

Oder bei manchen haben die Beine den Dienst versagt
weil man sich hat mit den Prozenten geplagt.
Schnell man auf allen vieren liegt,
statt dass man geht nun weiter kriecht.

Man sucht den Halt, man sieht schon Sterne
und dabei möchte man noch gerne
so weitermachen, doch es geht nicht mehr.
Man ist so voll und doch so leer.

Man spürt den Geruch vom Alkohol,
aus allen Poren quillt der wohl.
Wer das nicht kennt nie mitgemacht,
der weiß auch nicht wie ein Kater plagt.

Ja wir haben wahr gemacht Friedhelm's Idee
und sind jetzt ganz in seiner Näh'
und probieren heute hier
statt das Detmolder nun das Münchner Bier.

Die Reise nach hier war sehenswert,
sie hat uns allen imponiert.
Dann Bayern ist, ich muss gestehen
für uns doch immer wieder schön.

München und das Hofbräuhaus,
die Isar und Franz Josef Strauß.
Das neue Rathaus mit dem Glockenspiel
ist für machen schon ein Reiseziel.

Museum, Universität, Mariensäule und Marienplatz,
Staatsoper, Olympiastadion – München hat's.
Das Künstlerviertel Schwabing möchte ich noch nennen,
den Flughafen Riem, den viele schon kennen.

Den Tierpark, Stachus, auch Fürstenried
ist lebenswert und wenn man sieht
Schloss Nymphenburg und Residenz
ist nicht nur etwas für die Fans.

Die Theresienwiese mit dem Oktoberfest
manches jauchzen hören lässt.
Ich wünsch uns allen ein paar schöne Tage,
Humor und Frohsinn stehen außer Frage.

Und treten wir dann unsern Heimweg an,
so hoffe ich, dass jeder von uns sagen kann:
Das war wieder schön – Das war wieder klasse,
das Treffen mit der Bierwirth Rasse.

Sippentreffen (Augustdorf - Mai 1985)

Wieder einmal ist es soweit,
das Sippentreffen uns erfreut.
Im schönen Wonnemonat Mai
sind wir wieder mit dabei.

Wir kommen alle, wir kommen gern,
ob von nah oder von fern.
Ich grüße Euch alle, ob ich nun steh oder sitze.
Seid willkommen – Das ist spitze!

Wir geben uns ein Stelldichein
und wollen heute fröhlich sein.
Schon voriges Jahr konnten wir hör'n:
„Nächstes Jahr feiern wir auf den Dör'n."

Und jedem möchte ich heut empfehlen;
zieht die Landluft durch Eure Kehlen.
Atmet den Duft vom Gras und Heu,
mit 'ner Prise vom frischen Mist dabei.

Hier seid Ihr doch bei Mutter Grün,
obwohl an der Seite die Autos vorüberziehn.
Doch hier in dieser Halle,
finden wir Platz für alle.

Und hört Ihr draußen die Hühner mal gackern,
vielleicht ist dann der Hahn dabei zu rackern.
Denn den quälen oft die Gelüste
beim Anschauen so vieler Hühnerbrüste.

Hund Timmy hat stets ein wachsames Ohr,
dem kommt heute die Sache ganz spanisch vor.
So viele Leute in seinem Revier,
was wollen die bloß alle hier?

Auf dieser Stätte gibt's einen Star,
das ist der Haflinger „Strolch" ganz klar.
Der besitzt meines Mannes ganzes Denken.
Ich glaube, ich muss ihm Weihnachten einen schenken.

Doch schenken hin und schenken her,
wir schenken uns Freude, was wollen wir mehr.
Wir wollen mal alle wieder lustig sein,
denn die Sorgen ersticken wir im Keim.

Heute sei Euch alles erlaubt,
lasst dem die Hoffnung der an ein Wunder glaubt.
Heute zeige jeder sein eigenes Ich,
das wird vermengt und man wundert sich.

Ihr könnt tanzen, Ihr könnt singen,
Ihr könnt auch tolle Witze bringen.
Ihr könnt schunkeln, ihr könnt schmusen,
das befreit das Herz samt Busen.

Ihr könnt essen, Ihr könnt trinken,
Ihr könnt duften, Ihr könnt stinken,
Ihr könnt jauchzen, Ihr könnt lachen,
Ihr könnt meinetwegen Striptease machen.

Ihr könnt rauchen oder nicht,
bringt Stimmung, Frohsinn oder ein Gedicht,
Ihr könnt Euch zwanglos hier bewegen,
lasst den Kontakt uns weiter pflegen.

Weil wir immer gerne lachten,
auf Etikette braucht heut keiner achten.
Ob bei Regen oder Hitze,
wir feiern gern und das ist spitze.

Doch erklär ich am besten jetzt schon vor Ort,
für spätere Stunden – der Ausgang ist dort.
Dass keinem ergeht wie dem Wilfried in Verl,
oh Gott, was war das ein lieber Kerl.

Wie ein Kobolt stand er hilflos im Saal,
schaute nach links und dann nach rechts einmal.
Doch einige Leute waren noch da,
die wussten wo der Ausgang war.

Und hilfsbereit begleitete man ihn zum Bus,
das war so'n richtiger kleiner Genuss.
Doch wie schön sind diese menschlichen Schwächen,
wer sie nicht kennt, kann nicht lachen, kann nicht zechen.

Der hat im Leben was verpennt,
weil er die Nachwehen nicht kennt.
Wieder denk ich ans letzte gemeinsame Fest,
wo Ursel alle Schranken hinter sich lässt.

Sie war kaum zu überbieten.
Ihr seid alle goldig, Ihr seid keine Nieten,
mit Euch kann man feiern, das war uns schon immer klar,
und Marlies tanzte barfuß sogar.

Und das im Dezember, wo mancher geht mit Schal und Hut,
doch Marlies hatte Feuer im Blut.
Und alle haben zugesehn.
Marlies – es war wunderschön.

Und ob ich nun friere oder schwitze,
wir waren der Meinung: Es war spitze.
Plötzlich fühlte ich mich umfasst
von einem lieben weiblichen Gast.

Christel gab mir 'nen Kuss auf den Mund,
ich glaube, die fühlte sich auch kerngesund.
Und lallte: „Oh du mein Schatz",
und schon wieder hatte ich einen Schmatz.

So wollen wir auch heute in vollen Zügen,
bei dieser Feier ins Vergnügen.
Ich danke Euch für Euer Kommen,
denn alle haben sich vorgenommen

die Stunden des Abends voll zu genießen.
Und wird sich später dieser Kreis dann schließen,
hoffe ich, dass beim Auseinandergehn
jeder sagen kann: Es war wieder schön!

Zum singen und schunkeln

Refrain:
Holladihi – Holladiho – Holladihhoppsassa…

Wir feiern mal wieder den heutigen Tag,
denn feiern ist schöner als Arbeit und Plag.

Die Sorgen die lassen wir heute zuhaus,
in der untersten Schublade ruhn die sich aus.

Als Mitbringsel nehmen wir stets den Humor,
doch wer es nicht mag halte zu sich das Ohr.

Ihr seht ja mit Frohsinn, mit Schwung und mit Pfiff,
da hat man das Leben ganz anders im Griff.

Wir kennen uns schon lange, oh wie rennt die Zeit,
denn vor 30 Jahren warn wir junge Leut.

Damals da warn wir auch propper und schön,
denn guckt mal genau hin, dann kann man's noch sehn.

Wir spielten als Kinder, wie lang ist das her,
mit Puppen und Autos und anderen mehr.

Und nach vielen Jahren entdeckten wir dann,
es gab andere Spiele für die Frau und den Mann.

Zuerst in der Ehe man im siebten Himmel thront,
und nach 20 Jahren guckt man in den Mond.

Am Abend da sagt sie: „Komm ins Bett und sei lieb",
und er sagt: „Warum denn: ich bin noch nicht müd".

Heut diese Tänze, wir kommen nicht mehr mit,
man tanzt heute ganz einen anderen Schritt.

Früher da lag man sich zärtlich im Arm,
so Herzchen an Herzchen, wie wurd einem warm.

Heut zeigt man den Sex im Kino hautnah,
uns brachte man das Märchen vom Klapperstorch dar.

Heut zeigt man sich nackend vom Kopf bis zum Zeh,
früher war verboten ein tief Dekolleté.

Doch eins ist geblieben, wie alle das freut,
die Liebe gabs früher, die gibt's auch noch heut.

Die Männer gehn abends allein manchmal aus,
und kommen mal später als gewöhnlich nach Haus.

Sie wackeln vor der Haustür nach vorn und nach hinten,
und suchen und suchen, können's Schlüsselloch nicht finden.

Dann rief ich von drinnen: Oh Männe werd nicht weich,
die Erde sie dreht sich, das Loch, das kommt gleich.

So müsst ihr im Leben alle es machen,
wenn's ein Auge weint muss das and're noch lachen.

Lasst uns heut trinken bis die Stimmung sich hebt,
denn keiner von uns weiß wie lang er noch lebt.

Geburtstage

Hörer schnell zur Hand

Es steht auf dem Kalenderblatt,
dass ….. heut Geburtstag hat.
Ich nehm den Hörer schnell zur Hand,
die Nummer ist mir ja bekannt.

Und da ich Dich jetzt an der Strippe hab,
wünsch ich Dir, nicht nur für diesen Tag,
alles Gute, Wohlbefinden, das ist doch klar,
für das neue Lebensjahr.

Ich wünsche Gesundheit, das nötige Geld,
Frieden und Freiheit in unserer Welt.
365 Tage sind wieder vergangen,
da tust Du auch meinen Glückwunsch empfangen.

Ein Jahr nach dem andern so schnell verweht,
drum nutze die Zeit so lang es noch geht.
Wir haben die längste Zeit gelebt
und keiner von uns mehr nach Reichtümern strebt.

Wir sind um die Siebzig, dank Gottes Gnaden,
diese Jahre erreicht zu haben.
Genieße froh was Dir beschieden,
ich grüße Dich und Deine Lieben.

Glückwunsch

Durch's Fernsehen ist es nicht gekommen,
im Radio hab ich's nicht vernommen.
Doch weiß ich, dass in dieser Stadt
ein lieber Mensch Geburtstag hat.

Ich bring Dir meinen Glückwunsch dar
und wünsche alles Gut für das neue Lebensjahr.
Ich wünsche Glück und Gesundheit und noch viel mehr,
und dass niemals Leid an Dir zehr.

Ich seh Dich vor mir, dein Körper gestrafft,
Dein freundlicher Blick, der Dich so liebenswert macht.
Und um Dich viele liebe Gäste,
die wünschen Dir das Allerbeste.

Ich grüße Dich und wünsche Dir einen Tag,
der Dir nur Gutes bringen mag.
Genieße Dein Leben, tu was Dir Freude macht
und Du wirst selber sehen, das Herz im Leibe lacht.

Ein Jahr älter

Weil ich an Dich denken muss,
kommt früh am Morgen schon mein Gruß.
Ein neues Lebensjahr hat angefangen
und hiermit soll mein Glückwunsch zu Dir gelangen.

Ein Jahr älter wieder mal,
die Jahre erkennt man an der Zahl.
Wie geht es Dir? Fragt man so oft,
die Antwort „gut" man dann erhofft.

Man sagt es auch, glaubt's selber nicht,
weil es der Wahrheit nicht entspricht.
Denn in dem Alter, in dem wir sind,
mal hier und da ein „Knacks" beginnt.

Wie schnell wir der Jugendzeit doch entfliehen
und die Jahre an uns vorüberziehen.
Wie gut, dass keiner heut kann wissen,
was wir noch alles erleben müssen.

Wir können schon damit beginnen,
unsern Leben die schönsten Seiten abzugewinnen.
Fangen wir gleich damit an,
dass der heutige Tag dazu führen kann.

Gratulation

*Zum Geburtstag wünsche ich Dir
alles Gute und noch mehr.
Das sind die Auserwählten hier auf Erden,
die lässt Gott 90 Jahre werden.*

*Alt werden ist schön, doch es gibt auch Schattenseiten,
der größte Wunsch: Gesundheit möge einen stets begleiten.
Diesen Begleiter wünsche ich Dir noch lange Zeit,
blick zufrieden auf das Heute und die Vergangenheit.*

*Im fortgeschrittenen Alter, wenn Worte verstummen,
schwelgt man schon mal in Erinnerungen.
Gedanken wandern und ein Lächeln huscht über das Gesicht,
es gibt so manches, das vergisst man nicht.*

*Glück und Seligkeit, auch Niederlagen
muss im Intervall wohl jeder tragen.
Wie auch immer wir das Leben meistern,
für das Schöne können wir uns immer begeistern.*

*Herzliche Grüße, Gratulation und Wohlergehen,
in aller Freundschaft von Adele Rehm.*

Dankeschön

Ihr lieben Gäste in dieser Runde,
wir hoffen, es war gut was führte zum Munde.
Wir danken Euch für Euer Kommen,
den Grund habt alle Ihr vernommen.

70 Jahre ist mein Lieber Gerd
und das ist schon ein Prosit wert.
70 Jahre – eine lange Zeit.
Sie brachte uns Freude – sie brachte uns Leid.

Ist es mit der Gesundheit auch nicht zum Besten bestellt,
aber mit 70 geht es manchen so auf dieser Welt.
Man muss eben immer unter sich schauen,
um Depressionen abzubauen.

Doch heute sage ich „Dankeschön",
dass wir diesen Tag gemeinsam begehen.
Und Dir, lieber Gerd, heut ein inniger Dank.
Du warst der beste Weggefährte – ein Leben lang.

Zum Geburtstag

Zum Geburtstag wünsch ich Dir
alles Gute und noch mehr.

Gratulationen, Händedruck,
jede Menge Blumenschmuck
hält man heut für Dich bereit
wünscht alles Gute für die nächste Zeit.

Freu Dich heut an vielen Dingen,
über Glückwünsche die Dir Gäste bringen.
Ich wünsche Dir viele liebe Sachen,
wünsch Dir 'ne Stube voller Lachen.

Ich wünsch Dir Frohsinn, wünsch Dir Heiterkeit,
wünsch Dir noch eine lange Lebenszeit.
Gesundheit wünsch ich jederzeit,
dass niemals Krankheit macht sich breit.

Ich wünsche Dir noch Energie und Tatendrang,
viel Haben auf deinem Kontostand.
Bewahr Dir den Sinn stets für Humor,
sei wachsam noch mit Auge und Ohr.

Sei flexibel in allen Lebenslagen,
so wirst Du Deine Jahre mit Würde tragen.
Ich wünsche Dir, was wohl jeder begehrt,
dass Dir das Leben noch viel Gutes beschert.

Und allen wünsch ich auf dieser Welt,
dass der Herrgott uns den Frieden erhält.
Denn Gott hat uns das Leben
so wie es ist, und war gegeben.

Mit allen Freuden, allem Leid
in guter und in schlechter Zeit.
Bleib wie Du warst und wie Du bist,
ein guter Mensch – ein guter Christ.

Für das kommende Lebensjahr wünsche ich,
dass alles erträglich ist für Dich.
Ein Prosit auf den schönen Tag
der Dich so recht verwöhnen mag.

Siebzig, achtzig, neunzig

Auf einmal ist man siebzig
man glaubt es selber kaum.
Die Uhr, sie blieb nicht stehen,
verging in Zeit und Raum.
Erinnert man sich manchmal
an die Vergangenheit,
kommt man zu der Erkenntnis:
sie brachte Freud und Leid.

Und ist man erst mal achtzig,
fehlt mancher liebe Freund
mit dem man in der Jugend
gelacht, gelebt, geträumt.
Dann nutze noch die Stunden
die dir der Herrgott schenkt,
denn er ist es alleine
der uns're Schritte lenkt.

Manch einer der wird neunzig
mit hundert ist man Greis,
der von gelebten Jahren
viel zu berichten weiß.
Und treten wir die Reise
auf Nimmersehen an,
ist's schön: „Ich war zufrieden"
jemand sagen kann.

Lasst Euch sagen

Liebe Leute lasst Euch sagen:
Ich hab etwas vorzutragen.
69 liebe … einmal war,
ab heute bis Du 70 Jahr.

Wie es einmal könnte werden
wenn kommen kleinere Beschwerden.
Habe ich mal nachgedacht,
und folgendes zu Papier gebracht.

Manches steht uns zu Gesicht,
doch alt sein – nein – das wollen wir nicht.
Wohl älter werden mit der Zeit,
die Weisheit macht sich langsam breit.

Bei uns ist manches nicht mehr wie vor 20 Jahren,
doch so genau, liebe Leute, will ich danach nicht fragen.
Die Jugend gibt es einmal nur,
wir wandeln auf des Herbstes Spur.

Wenn auch die Haare sich lichten sehr
und die Zähne hat man auch nicht alle mehr.
An den Füßen ein paar Hühneraugen,
der Kreislauf will auch nicht immer was taugen.

Man sucht die Brille oft ganz beflissen,
denn ohne sie ist man aufgeschmissen.
Das Gedächtnis lässt auch schon manchmal was fallen,
so geht es vielen, so geht es fast allen.

So manches möchte man ungeschehn,
doch kann man es nicht übersehn.
Man betrachtet so seine Körperfülle,
oh, sind das heimische Idylle.

Bier und Schnaps konnte man vor 20 Jahren
auch viel besser als heute vertragen.
Der Magen ist schon manchmal verstimmt
wenn man ihm was zufügt was er nicht gerne nimmt.

Den Schlaf konnte man früher eher missen,
heute ist doch schon manches be…scheiden.
Wie ging das tanzen früher flott,
ständig war man im Galopp.

Bei Musik konnte man nicht stille sitzen,
heut kommt man viel zu früh ins schwitzen.
Den Dauerlauf schaffte man flink,
heute nennt man das ja Jogging.

Und noch etwas wird sich manchmal zeigen,
die Treppen konnte man damals besser steigen.
Hast du heute die Hälfte der Stufen erklommen
kannst du manchmal schon keine Luft mehr bekommen.

Für die Liebe war man immer bereit,
heut fehlt oft die Lust, die Kraft oder die Zeit.
Man ist auch nicht mehr so sexappeal
und das bedeutet im Leben sehr viel.

Man tanzte früher Walzer, Fox und Tango,
heut braucht man schon die Packung „Fango“.
Man fängt jetzt schon zu salben an,
Linderung verspürt man dann und wann.

Heut kann man vieles reparieren,
lässt liften, glätten und massieren.
Mit Pillen und mit Spritzen
da kann man manches noch erhitzen.

Man klärt uns auf über Vitamine und Kost,
man will verhindern den Ansatz von Rost,
und ständig man über Kalorien spricht,
doch bei manchen fällt das gar nicht in's Gewicht.

Früher kannte man diese Wörter kaum,
heute wird viel zu viel auf den Putz gehau'n.
Den Urlaub verbringt man in der weiten Welt,
man hat doch Prestige, man hat doch Geld.

Und Ansehen will man so gerne genießen,
man schreibt 'ne Karte mit besten Grüßen.
Zurück kommt man dann braungebrannt
und präsentiert's im Heimatland.

Man tummelt sich bei FKK
denn nahtlos bräun' will man sich ja,
man wälzt den Körper um und um
und nimmt noch das Solarium.

Man stählt den Körper, oh welch Wonne,
im Swimmingpool und Höhensonne.
Wenn unsere Ahnen dies heut sähen,
die würden sich den Kopf verdrehen.

So lässt sich's leben und wir hoffen,
wenn manchmal auch noch Wünsche offen.
Dass alle Menschen auf der Welt
in Frieden leben, wie's gefällt.

Weil schöne Stunden viel zu schnell vergehen
und die Jugend bleibt nicht für immer bestehen.
Drum rate ich allen, fälllt's manchmal auch schwer,
macht's Beste aus Eurem Leben, dann habt ihr viel mehr.

Genieße froh den Tag

Wo ist die Zeit geblieben?
fragt man an solchem Tag.
Man sitzt im Kreis der Lieben
weil man den 80. Geburtstag hat.

Nach so vielen gelebten Jahren
schon mal Weh und Zipperlein spürt
das muss man halt ertragen
weil das zum alt werden gehört.

Nicht jeder 80 Jahre erreicht
darum sei Gott gedankt
es war bestimmt nicht immer leicht
man hat frohlockt, man hat gebangt.

Nun ist der Tag gekommen
vor der Null steht jetzt die acht.
Man hat gegeben, man hat genommen
und denkt: Gott hat es wohl gemacht.

Genieße froh den Tag
der Dir ist heut beschieden,
und was auch immer kommen mag
das Schöne im Herzen ist geblieben.

Herzliche Grüße, Gratulation und Wohlergehn
in alter Freundschaft Adele Rehm

(Jahres)zeiten

Sommerzeit

Sommer, Sonne, laue Winde,
schön ist diese Jahreszeit.
Eiche, Buche, Birke, Linde
halten Sauerstoff bereit.

Atme du den Duft der Blüten,
halte fest die Farbenpracht.
Die Natur hat viel zu bieten,
suche sie – sie gibt dir Kraft.

Die helle Sternennacht
ist für Verliebte ein Magnet.
Wie schnell ist dann ein Herz entfacht
und Sterne bleiben ganz diskret.

Die Sonne geht auch wieder unter,
am Horizont verschwindet sie.
Der Sommerregen hält dich munter,
Stunden des Glücks vergisst du nie.

Herbstzeit

Wenn sich die Blätter färben an den Bäumen
und sich zeigen in ihrer bunten Pracht,
verfällt man beim Anblick leicht ins Träumen,
weil Träumen so viel Freude macht.

Scheint die Sonne auf sie hernieder,
funkelt manches Blatt wie Gold.
Ein Vögelchen mit herrlichem Gefieder,
hüpfend von Ast zu Ast sich trollt.

Ich schau ihm zu im Abendsonnenschein,
schließ dann die Augen und verharre still.
Der Herbstwind schleicht sich leise ein,
weil ich meine Gedanken ordnen will.

Das Leben zieht an mir vorbei,
wie die vier Jahreszeiten.
Es war nicht immer sorgenfrei,
es gab Höhen, Tiefen, Erfolg und Pleiten.

Die Sonne versinkt und es wird Nacht,
manch Baum schon ohne Blattwerk steht.
Die Stürme kommen mit aller Macht,
nun ist es Herbst und der Nebel seine Schwaden zieht.

Winters Abschied

Der Winter sagt uns bald ade,
der Frühling zieht dann ein.
Die dunklen Tage mit ihrem Weh
verdrängt der Sonnenschein.

Die Wärme tut der Seele gut,
es öffnen sich die Herzen.
Wir finden wieder neuen Mut
und Linderung der Schmerzen.

Der Himmel wird dann wieder blau
der lang verhangen war.
Ich in die weißen Wolken schau,
die Träume sind dann wunderbar.

Doch die Wolken ziehen weiter
wie auch unser Leben.
Es ist nicht immer froh und heiter,
für alles wird's ein Ende geben.

Weihnachtszeit

Bald ist es wieder mal so weit,
das Christkind hält so viel bereit,
und alle Menschen groß und klein
die möchten so gern glücklich sein.

Geschenke unterm Tannenbaum,
der Kinder heißersehnter Traum.
Und als Erwachsener man sieht
wie schnell man diesem Traum entflieht.

Oh stille, heilige Nacht bescher
gib allen Menschen die Gewähr,
dass sie im Frieden leben können
und jeder jedem nur Gutes gönnen.

Doch auch für Menschen die von Leid
gezeichnet sind in dieser Zeit,
möge Gott über sie seine Arme ausbreiten
und die in eine Hoffnung leiten.

So möge uns das nächste Jahr
nur Gutes bringen, immerdar
und allen Menschen weit und breit
eine heile Welt, ohne Hass und Streit.

Weihnachten

Weihnachten – Du schöne Zeit
wenn sie ein Kinderherz erfreut
doch ein Mensch der einsam ist
dann die Wärme sehr vermisst,
weil er die Sehnsucht kennt
die in seiner Seele brennt.

Weihnachten und Lichterglanz,
Honigkuchen, Festtagsgans,
alles dies ist dann ein Traum
doch man merkt es selber kaum.
Wenn der Traum vergeht
man vor einer Leere steht.

Weihnachten und Glockenklang
dann wird dem einsamen Herzen bang.
Erinnerungen werden wach
und man trauert ihnen nach,
dann sucht man Trost in dem Gebet
und Gottes Gnade man erfleht.

Jahresschluss

Das alte Jahr hat uns verlassen,
man muss sich mit dem neuen befassen.
Für manche war das alte schwer,
was bringt uns wohl das neue her?

Für andere war das alte schön
und wünscht es mög so weitergehn.
Der Bescheidene erwartet nicht sehr viel,
ein anderer setzt sich ein bestimmtes Ziel.

Ob man's erreicht? Wer weiß es schon,
vielleicht war's nur 'ne Illusion.
Doch wenn man Umschau hält,
betrachtet sich die ganze Welt.

Ist man zufrieden mit dem Stand,
weil Friede herrscht in unserm Land.
Wenn jeder nun mal in sich kehrt,
hat uns allen das Jahr gutes beschert.

Heimat

Heimat

„Es klappert die Mühle am rauschenden Bach"
haben wir damals so oft gesungen.
Heute sucht man vergebens danach
und die Melodie ist auch verklungen.

Da war'n die zwei Mühlen im schönen Schopketal,
für manchen war'n sie ein Anziehungspunkt.
Das Wasserrad drehte sich viele Mal,
heute ist es ein Bestandteil der Erinnerung.

Sah man früher die Mühlenräder sich dreh'n,
ein Hauch von Frieden in freier Natur,
das war 'ne Idylle, landschaftlich schön,
kühle, frische Luft und Erholung pur.

Heute hat die Technik manches vertrieben,
doch man darf nicht rückständig sein,
etliches ist auf der Strecke geblieben,
die Forschung holte uns ein.

Das Früher liegt immer weiter zurück,
andere Generationen rücken nach.
Der Fortschritt geht weiter Stück für Stück,
dann liegt das Gestern brach.

Das Wandern im Schopketal lohnt sich noch immer,
das Plätschern der Schopke belebt die Sinne.
Ob im Nebeldickicht oder Sonnenschimmer,
es ist dir als spricht eine innere Stimme:

Heimatboden – wie du mich trägst.
Heimatland – wie bist du schön.
Heimatstadt – wie du mich prägst.
Heimatliebe hegt Adele Rehm.

Oerlinghausen

Ihr Oerlinghauser Bürger, ob ihr wohl wisst
wie schön unser Heimatstädtchen ist?
Ich brachte es mal auf´s Papier
und schildere es Euch heute hier.

Oerlinghausen heut und morgen,
die Stadtwerke uns mit Energie versorgen.
In dieser Stadt läßt es sich leben
weil sie von netten Leuten ist umgeben.

Nicht nur die Menschen sind hier mobil,
Oerlinghausen bietet auch sehr viel.
Das Archäologische Freilichtmuseum am Barkhauser Berg
wo man soviel aus früherer Zeit erfährt.

Wie unsere Urahnen gelebt wird hier dargestellt
und der Betrachter versetzt sich in eine andere Welt.
Der Segelflugplatz, einmalig schön,
da kann man Flieger starten und landen sehn.

Großmarkt, Sportplatz, Badeanstalt
verbinden Oerlinghausen Süd mit Oerlinghausen Alt.
Am Bach entlang im Schopketal
ist es romantisch, ideal.

Zum wandern und auf Tönsberghöh´n
kann man bei klarer Sicht weit in die Lande seh´n.
Jugenherberge, Lönsstein, Ehremal,
die Hünenkapelle zeigt von anno dazumal.

Man muss diese Schönheiten mal mit dem Auge erfassen,
dann lässt uns die Heimat die Ferne erblassen.
Unsere Grünröcke sind verständlicherweise stolz
auf den herrlichen Schützenplatz im Menkhauser Holz.

In unserer Stadt das Schulzentrum
für Schüler und Kollegium.
Und die Heimvolkshochschule St. Hedwigshaus
zeichnen Oerlinghausen aus.

In der alten Synagoge der Kunstverein
lädt zu einer Bildungsstätte ein.
Auch einen Bahnhof haben wir,
der liegt nur in einem anderen Revier.

Ist was besonderes los, damit ihr´s wisst,
wird die Fahne auf der Kumsttonne gehisst.
Wir haben zwei gute Institutionen
wo alte und kranke Menschen wohnen.

Die Müllerburg und das evangelische Altenpflegeheim
wird für manche Menschen die letzte Station wohl sein.
Es gibt Kirchen für Katholik und Protestant,
auch andere Glaubensgemeinschaften, Vereine und manchen
Verband.

Das Stadtbild wurde vor langer Zeit modernisiert,
von vielen gelobt, von vielen kritisiert.
Das Straßenpflaster missfiel manchen sehr,
andere schwärmten: das gäbe der Altstadt Atmosphäre und
Flair.

Durch Pflanzung junger Bäume entstand
ein anderes Bild und man fand
das Ganze so zu akzeptieren,
weil die Beleuchtungskörper das Stadtbild zieren.

Diese Laternen in den Straßen, Tweten und Winkel
erinnern fast schon wieder an Schinkel.
Die „Himmelsleiter" wäre noch nennenswert,
da hat schon mancher Amateur trainiert.

Wenn man von unten die 233 Stufen erblickt,
der Himmel dann wirklich nahe rückt.
Ich habe nun unser Städtchen beschrieben
wie wir es kennen und wie wir es lieben.

Eines hätte ich fast vergessen:
Die Gastronomie ist bekannt für trinken und essen.
Wenn du gestärkt hast Leib, Seele, Sinn und Verstand,
erkennst du: schön ist Oerlinghausen und das Lipperland.

Heimatverein - Spitznamen

Jeden ersten Montag im Monat finden sich ein
die Mitglieder vom Heimatverein.
Es sind Männer, es sind Frauen, die sich profilieren,
weil sie sich für die Heimatgeschichte interessieren.

Die Atmosphäre ist locker und einer dem andern gleicht,
wenn Werner Höltke als Vorsitzender das Wort ergreift,
dann hat er eine aufmerksame Zuhörerschar,
wenn er erzählt, wie es früher war.

Es wird ergänzt und dokumentiert,
man ist erstaunt, was früher schon alles passiert.
Doch die Vergangenheit steht nicht nur zur Diskussion,
auch Gegenwart und Zukunft finden den Ton.

Es ist schön Aufklärung über gestern, morgen und heute.
In jeder Generation gibt es bemerkenswerte Leute.
Wir fühlen uns so heimatverbunden
in diesen schönen Stunden.

Früher war, man hör und staune,
vielleicht geschah es aus einer Laune,
ganz schnell bei der Hand
und manchem sonst ein Spitzname zuerkannt.

Zinsen Willi, Säbel August, Birnen August, Freuden Karl,
Lenzen Wilhelm, Bickbeern August, es gibt viele an der Zahl.
Pippo Männe, Tulpen Hermann, Quicker Fritze und Karl May,
Doc Holiday, Tünnemicken, Pema, solche Namen sind dabei.

Natron Meier, Kockherm, Frühling, Löte Karl,
Vogel Albert, Kuchen August hörte man schon manches Mal.
Sogar unsere Lehrer waren dagegen nicht gefeit.
Buller, Borse, Pendel hielt man als Spitznamen für sie bereit.

Madeira, Flandern, Kamerun, Panama,
Mussolini, Duce, Senator, Sir und Dollar sogar.
Ob Wandervogel, Leutnant, Mester, Porsche Karl,
diese Namen existieren nun mal.

Manche Frauen wurden auch benannt,
unter folgenden Namen sind sie bekannt.
Klowern Berta, Rosalinde, Tolle Minna,
Krähen Hilde, Tempolinchen, Butter Lina.

Putzerliesel, Texas Lilli, Platen Anna,
Leibchen, Priska, Pitto, Stuten Hanna,
Rotkehlchen, Tatete, Krüper, Donna Klara,
Schrebbel, Treppen Prinzessin und die Mosa-Isa.

Anni Ondra war in aller Munde,
wer's war machte schnell die Runde.
Wer kam auf all die Namen bloß,
die wurden sie niemals wieder los.

Ich hätte noch viele im Repertoire,
nur einige brachte ich Euch nah.
Ich grüß alle Leute vom Heimatverein,
schön ist jedes Mal unser Zusammensein.

Ahnenforschung

Heimatforscher Werner Höltke forscht nun nach den Ahnen,
das basiert auf langen Bahnen.
Ich hätte auch gerne so was vollbracht,
doch weiß ich, dass das Arbeit macht.

Meine Mutter aus Oerlinghausen, mein Vater aus Belle,
das fällt mir ein so auf der Stelle.
Auch Großeltern beiderseits, das hab ich noch im Sinn,
drum weiß ich, dass ich ein echter Lipper bin.

Hier bin ich geboren, hier hab ich gelebt
und dieses mir nicht widerstrebt.
Obwohl man hört, oft weit und breit;
Ein Lipper neigt zur Spursamkeit.

Mancher sagt auch; von Natur
sei ein jeder Lipper stur.
Das ist ein falsches Argument,
denn letzteres, das ist mir fremd.

Ahnenforschung ist ein guter Start,
es gibt ja so manche Herkommensart.
Doch wie wir alle hier sind, es ist jedem klar,
gäb's nicht Vater und Mutter, wir wären nicht da.

Aber Urahnen von jedem,
lebten damals im Garten Eden.
Der Herrgott schuf Adam und Eva dazu,
nur Eva war listig, ließ Adam keine Ruh.

Schon im Paradies aß der Mann der Frau aus der Hand,
das weiß doch jeder, das ist doch bekannt.
Denn hätte Adam nicht in den Apfel gebissen,
ob wir heut wären? Wer mag es wissen.

Darum ihr Männer zürnet uns nicht allzu sehr,
es ist ein Erbfehler von der Eva noch her.
Meine Ahnenforschung tat ich euch nun kund,
von zwei Menschen solch Weltbevölkerung.

Und auf dem Erdenball, ihr könnt es sehn,
da lebt auch Adele Rehm.

Gedanken & Gefühle

-

Das Leben

Träume

Kennst du das Heimweh, wenn es dich quält?
Denkst dann an Muttern, wie sie hat erzählt.
Denkst an die Heimat, an's Vaterhaus,
wie bist du gegangen tagein und tagaus.

Du fühlst in Gedanken der Mutter Hand,
und siehst vor der Haustür die alte Bank.
Das Zimmer mit dem Bett, wo mancher Traum hüllte dich ein;
ach wie selig doch ein Kind noch zu sein.

Schnell schwinden die Jahre der Kindheit dahin,
bist du erwachsen hast du einen eigenen Sinn.
Und wirst du dann älter, schaust mir reiferem Blick;
die Jahre die gelebt sind kehren niemals zurück.

Kennst du die Sehnsucht, wenn es schmerzt in der Brust?
Wenn du die Tränen unterdrücken musst?
Denkst an deine Lieben, denn du bist viel allein
und fragst dich oft: Muss das so sein?

Kennst du die Liebe? Wenn du bist bereit
alles zu opfern, zu jeglicher Zeit.
Für deine Kinder, die du hast umsorgt,
doch sie sind dir ja nur für eine Zeitlang geborgt.

Das Leben kommt – das Leben geht
und manches erkennt man oft zu spät.
Vieles nimmt man noch in Kauf,
doch die Liebe höret nimmer auf.

Dann ist es Liebe

Wenn er nach 20 Jahren sagt,
dass er dich immer noch gern mag
und er Dich küsst, wie einst im Mai.
Dann ist es Liebe.

Kommt er des Abends dann nach Haus,
ruht sich an Deinem Busen aus
und sagt: ich war Dir ewig treu.
Dann ist es Liebe.

Und wenn er ab und zu dran denkt
Und Dir noch schöne Blumen schenkt.
Du nimmst ihn dafür in den Arm.
Dann ist es Liebe.

Wenn er bei Freunden sagt von Dir:
Das große Glück fand ich bei ihr
Und Dir wird um das Herz noch warm.
Dann ist es Liebe.

Lädst Du Dir Gäste ein zum Schmaus,
ein Lob auf's Essen bleibt nicht aus
und er sieht Dich noch dankbar an.
Dann ist es Liebe.

Drum lasst uns so durch's Leben gehen,
dann ist doch alles wunderschön
und denken immer stets daran:
Das ist die Liebe.

Das Leben

Im Leben gibt es allemal
Ein Hoch, ein Tief, mal Glück, mal Qual.
Wer dann nicht jubelt und nicht stöhnt,
mit seinem Schicksal sich versöhnt.

Wer an Treue hält stets fest,
sich durch nichts erschüttern lässt,
und das Leben nimmt wie es ist,
der ist stets ein Optimist.

Wirst du im Leben konfrontiert
mit Sachen, die man nicht gern hört,
denke immer stets daran,
dass es auch den Nächsten treffen kann.

Setz dich mutig drüber weg,
denn kein anderer zahlt die Zech',
Das Leben gibt es einmal nur,
drum findet die richtige Spur.

Gezeiten des Lebens

Wenn das Leben reich an Jahren,
denkt man manches Mal zurück.
Wie die Zeiten damals waren:
Kindheit, Jugend und der ersten Liebe Glück.

Wie lange ist das nun schon her?
Die Gezeiten des Lebens – wechselhaft,
was gewesen ist ohne Wiederkehr,
hat man wohl alles richtig gemacht?

Die Gedanken weiter kreisen,
suchen nach den schönsten Momenten
und diesem bunten Reigen
möge der Traum doch niemals enden.

Und man muss sich eingestehen:
Das Leben war doch schön!

Denk an mich

Du brauchst mir keine Rosen schenken
Und keinen Schmuck von großem Wert.
Nur manchmal sollst Du an mich denken,
weil mein Herz nur Dir gehört.

Das Leben gäb uns doch viel mehr,
wenn man sich sagt ein liebes Wort.
Warum fällt's manchmal gar so schwer.
Ein Lächeln schon wischt manche Träne fort.

Es kostet nichts – und doch so viel,
die Überwindung fordert das,
und Du merkst bald, wenn Du am Ziel,
an allem hast Du wieder Spaß.

So leicht kommt alles Dir jetzt vor,
begrüßt den neuen Tag.
Weil einer sagte Dir in's Ohr,
dass er Dich doch noch mag.

Licht und Schatten

Es gab viel Licht in meinem Leben,
doch der Schatten stand immer dicht daneben.
Es wärmte mich die Liebe mit hellem Strahl,
es quälte mich die Angst ein andermal.

Mein frohes Lachen wurde durch Witz und Humor geweckt,
dahinter hat sich manche Träne versteckt.
Ein stiller Wunsch blieb unerfüllt,
Enttäuschungen habe ich in Schweigen gehüllt.

Ich habe im Leben geplant und viel vorgenommen,
anfangs hat alles geklappt, am Ende ist manches anders
gekommen.

Du und ich

Ich leide mit Dir, wenn Dich was bedrückt,
ich lache mit Dir, wenn Du bist entzückt.
Ich fühle mit Dir, wenn Du geplagt wirst von Schmerz;
Ich bin Deine Mutter, für Dich schlägt mein Herz.

Ich spüre mit Dir, wenn etwas nicht stimmt
und merke, wenn einer den Mut Dir nimmt.
Und kann ich Dir helfen, dann steh ich zu Dir;
Ich bin Deine Mutter und Du bist ein Teil von mir.

Ich glaube an Dich, was immer geschieht
und warte still, wenn es Dich zu mir zieht
und bitte, dass Du glücklich bist;
Ich bin Deine Mutter, die Dich niemals vergisst.

Ich versuche stets dich gut zu verstehen,
nicht immer kann man gemeinsame Wege gehen.
Ich wünsche Dir Glück für's ganze Leben,
als Deine Mutter möchte ich Dir alles geben.

Ich weiß, einmal bricht der Tag herein,
da fordert man Trennung von uns Zweien.
Ich denke: Wie schnell doch die Zeit verrinnt.
Ich habe Dich lieb – Du bist doch mein Kind.

Dunkel

Es wird langsam dunkel, das Licht wird so schwach
und die Stimme entlockt dem Innern ein „ach".
Im Raum ist es still, es ist alles so leer,
was einst gewesen, ist lange nicht mehr.

Es wird langsam kälter, ich spüre es schon,
es fehlt der Sonnenstrahl, ein wärmender Ton.
Die Einsamkeit drückt, die Gedanken sind schwer,
du holst die Erinnerung aus der Ferne her.

Man wird langsam müde, kein Lachen ertönt,
es gibt nicht mehr viel, was das Leben verschönt.
Im Herzen pocht es und es zieht.
Du bleibst schweigsam, weil es doch keiner sieht.

Es schmerzt

Es lohnt sich nicht im Leben sich zu streiten,
die Zeit – sie ist ja viel zu kurz.
Drum geht zusammen über Höhen und Weiten,
verhindert jeden tiefen Sturz.

Wie schnell kann doch ein simples Wort,
was unüberlegt man spricht,
den andern treffen, gerade dort,
wo es schmerzt und er vergisst es nicht.

Einen Haufen Steine räumst du fort,
ein hartes Wort das bleibt.
Im Kämmerlein, in diesem Zufluchtsort,
spürst du was's Herze mit dir treibt.

Wenn du dann nach geraumer Zeit
die Ruhe findest wieder.
Vergessen ist auch schnell das Leid,
kein Hass der schlägt sich nieder.

Es war einmal

Weißt Du noch vor vielen Jahren,
als wir beide glücklich waren?
Wenn der Mond am Himmel stand
und wir gingen Hand in Hand.

Schweigend wir dann manchmal standen,
bis sich unsere Lippen fanden.
Ich in Deinen Armen lag
und nicht dachte an den nächsten Tag.

Wie ein Traum, der schnell vorbei,
kam das Alltags Einerlei.
Und mit Bangen und mit Hoffen
ist das Glück dann doch zerbrochen.

Hab geweint oft viele Tränen,
hab unterdrückt mein stilles Sehnen.
Hab nicht erkannt den wahren Schmerz,
ich hab geliebt mit ganzem Herz.

Die Liebe ist so groß und stark
und ich Dich heut noch immer mag.
Weil man verzeiht und man vergibt,
das kann nur der, der wirklich liebt.

In meinen Gedanken bist Du oft
und lebst in meinem Herzen fort.
Ich wüsste ja so gern von Dir,
ob Deine Gedanken auch mal bei mir?

Gedanken

Wie wird es sein, wenn ich älter bin?
So geht es mir oft durch den Sinn.
Wenn mich verlässt, Mut, Freud und Kraft,
nicht mehr wie einst der Körper schafft.

Nachts lieg ich wach und denke oft,
weil man im Stillen darauf hofft,
dass die Gesundheit man behält,
weil nur noch dieses in den Jahren zählt.

Und werde ich älter, kann nicht mehr,
von den Erinnerungen zehr.
Was in der Jugend ich erlebt,
im Traume dann vorüberschwebt.

Man möchte doch vor allem
andern Leuten zur Last nicht fallen.
So denkt man in gesunden Tagen
und sucht die Antwort auf viele Fragen.

Ich friere

Ich friere, obwohl die Sonne scheint.
Ich friere, weil meine Seele weint.
Ich friere, obwohl die Welt voll Menschenmassen.
Ich friere, ich fühle mich oft verlassen.
Ich friere und möchte so gerne noch Wärme geben.
Kälte spüren ist furchtbar im Leben.

Jugendliebe

Lang ist es her - die Jahre gehn -
die Jugendliebe, wie war sie schön.
Und ist man alt und oft allein,
die Jugendliebe wird unvergessen sein.

Lernt man auch noch so viel Schönes kennen,
die Jugendliebe lässt sich nicht verdrängen.
Vergisst und verbannt man sie mal für längere Zeit,
kommt sie irgendwann aus der Vergangenheit.

Und ist dein Leben überglücklich und schön,
die Jugendliebe macht man nicht ungeschehn.
Ist sie auch fern, lebt sie in einem anderen Ort,
aus der Erinnerung wischt man sie niemals fort.

Tief im Herzen hält man sie verschlossen
und sucht man sie, dann ist die Tür auch offen.
Jugend und Liebe zusammengeschweißt
in einem Wort das „Jugendliebe“ heißt.

Ich danke Dir

Du gabst mir Deinen Namen, Du gabst mir Zärtlichkeit.
Du gabst mir Deine Liebe mit viel Glückseligkeit.
Du schenktest mir Vertrauen und auch Geborgenheit.
Ich dank Dir für ein Leben, für unsere Zweisamkeit.

Du zeigtest stets Verständnis für alles was es gab
Und warst um mich sogleich besorgt, egal was mich auch traf.
Dein Auge war sehr wachsam, Dein Blick war hell und klar.
Ich danke Dir für alles, Du warst so wunderbar.

Dein Herz war voller Güte und ohne Falsch Dein Sinn,
für jeden der Dich brauchte, da gabst Du alles hin.
Du hast mir jeden Wunsch erfüllt, warst immer hilfsbereit.
Ich dank Dir für ein Leben, für unsere Zweisamkeil.

Ich hab an Dich geglaubt, Du warst mir treu verbunden
Und dieser starke Glaube half auch in schweren Stunden.
Du warst mein Beschützer auf der Welt, Du warst stets für
mich da.
Ich danke Dir für alles, Du warst so wunderbar.

Du hast geschafft im Leben, Dir wurd nie was zu viel.
Genommen hast Du wenig, gegeben hast Du viel.
Du schautest nur nach vorne, das Gestern lag zurück.
Ich danke Dir für alles, Du warst für mich das Glück.

Das Gute haben wir genossen, das Leid haben wir geteilt,
auch manches Mal da haben wir in Muse still verweilt.
Hat manches uns auch mal bedrückt, doch viel hat uns erfreut.
Ich dank Dir für ein Leben, für unsere Zweisamkeit.

Liebe Leute

Liebe Leute – wie ist es schön
euch nach langer Zeit wiederzusehn.
Ich habe Euch ja richtig vermisst
und weiß jetzt auch wie schön es ist

wieder in froher Runde zu sein
mit Menschen wie ihr – vom Heimatverein.
Mein Fernbleiben hatte auch einen Sinn,
gesundheitlich lag nicht allzu viel drin.

Das älter werden fordert seinen Preis,
hier und da merkte ich den Verschleiß.
Füße, Beine, Knie und Rücken
spürte ich beim gehen und bücken.

Mit Tabletten, Spritzen, Akupunktur
und einer selbstverordneten Balkonienkur,
Krankengymnastik vom Physiotherapeut
ach was gibt es alles heut.

Versuchte ich diesen Beschwerden zu entrinnen
aber es wollte mir nicht ganz gelingen.
Diesen und jenen Arzt konsultiert
mit der Hoffnung, dass es etwas besser wird.

Doch kein Arzt macht aus meinem Alter
wieder einen jungen, flotten Falter.
Eine neue Brille etliche Euro frisst
weil die ja nicht von Fielmann ist.

Dann hatte ich mir vorgenommen:
Die Zähne müssen neuen Glanz bekommen.
Die sind das Einzige, da kann man lachen
die einen etwas jünger machen.

Der Mund ist voller, das Portemonnaie ist dünner
doch ohne Zähne ist viel schlimmer.
Wenn du denkst, du warst beim TÜV, es ist für lange Zeit
alles wieder einsatzbereit.

Aber darauf kannst du nicht immer vertraun,
an einer Schwachstelle musst du öfter baun.
Ich dachte, ich sei runderneuert
dabei fühlte ich mich oft wie bescheuert.

Man grübelte, war isoliert
das ganze Image war gestört.
Ich sagte mir: das darf nicht sein,
jetzt gehst du wieder zum Heimatverein.

Vielleicht ist Einigen von Euch etwas Ähnliches widerfahren,
man erlebt so manches mit zunehmenden Jahren.
Wir alle werden älter, denkt daran – unumwunden
jeden Tag um vierundzwanzig Stunden.

Liebe Freunde, der heutige Abend war wiedereinmal,
dank Werner Höltkes Themenwahl
interessant und für jeden gut zu verstehn.
Alles Gute, bis zum nächsten Mal wünscht Euch Adele Rehm

Katzen

Hüte dich vor Katzen
die vorne lecken und hinten kratzen.
So sagt man es von diesen Tieren
die da laufen auf allen Vieren.

Mit ihrem Schmusen können sie einen betören,
ihr schnurren ist nicht zu überhören.
Doch sie besitzen Eigensinn
und da steckt manchmal der „Deubel" drin.

Was Katzen zeigen für Gebaren,
das habe ich einmal erfahren.
Ich ging auf dem Bürgersteig und wollte einkaufen,
da kam von der anderen Straßenseite eine Katze gelaufen.

Die hatte mich wohl im Visier,
denn plötzlich stand sie neben mir.
Ich war verwundert und dachte daran:
Du hast 'ne Katze, ob die das riechen kann?

Sie schnurrte um meine Beine, das behagte ihr sehr.
Ich streichelte sie und fragte: „Wo kommst du denn her?"
Sie drehte noch ein paar Runden und ich dachte mir:
das ist ja anhängliches Tier.

Doch weit gefehlt, sie wurde aggressiv,
sprang an meinem Bein hoch und kratze tief.
Ich war schockiert, sie entfernte sich schnell.
Ich stand noch 'ne Zeitlang an der gleichen Stell.

Nun ich mich zum gehen schickte,
und am Bein herunterblickte.
Das Blut massiv aus der Wunde quoll,
schnell hatte ich ein Dutzend Tempotaschentücher voll.

Ich eilte zum Arzt, nicht ohne Verdruss,
da bekam ich gleich die Spritzen Tetanus.
„Es wäre gut" sprach der Arzt, wenn wir erfahren
wem die Katze gehört um nachzufragen

ob die selbige von Tollwut ist befreit
das wär für mich von großer Wichtigkeit.
Telefonisch wurde hergestellt der Kontakt
zu den Häusern wo mich die Katze gepackt.

Doch erfolglos blieb das fragen,
ich musste die Konsequenzen tragen.
Nachdem die Wunde gesäubert und desinfiziert
wurde ich mit einem Rezept zur Apotheke dirigiert.

Da das Präparat nicht vorrätig war,
war es nachmittags erst lieferbar.
Damit musst ich zum Notarzt, das war mir klar,
nun bekam ich 'ne Spritze gegen Tollwutgefahr.

Doch eine reichte nicht, oh nein,
nach drei Tagen musste die zweite sein.
Der fiel auf 'nen Samstag, was blieb mir übrig,
wieder 'nen andern Notarzt diesbezüglich.

Danach noch drei – fünf Spritzen insgesamt,
und dabei habe ich erkannt,
wenn keine Nebenwirkungen sich stellen ein
dann kann ich noch zufrieden sein.

Aufregung, Unkosten, Lauferei
und die Strumpfhose war auch entzwei.
Doch ich bin berüchtigt, in mir steckt kein Keim.
Ich werde niemals tollwütig sein.

Und das Ende der Geschicht:
Streichel fremde Katzen nicht!

Trauer

Danksagung

Die Zweisamkeit vermiss ich so sehr,
denn Du warst doch ein Teil von mir.
Ohne Dich ist mein Leben mit Schatten umhüllt,
es ist wie ein Rahmen ohne Bild.

Ein Baum

Ein Baum ist stark, trotzt Sturm und Schwert,
Jahrzehntelang, bewundernswert.
Es kommt ein Blitz und nimmt ein Teil von ihm,
nun kümmert er so vor sich hin.
Der Stamm wird morsch und er zerbricht,
doch dieser Baum war alles für mich.

Seine Wurzeln haben mich getragen.
Seine Zweige haben mich beschützt.
Seine Blätter Sinnbild waren
und sein Stamm hat mich gestützt.

Die Zeit mit Dir

Die Zeit mit Dir war wunderbar,
stets gerne ich dran denk.
Ich danke Dir für jedes Jahr,
die Zeit mit Dir war ein Geschenk.

Die Zeit mit Dir hat uns zuletzt
viel Krankheit und viel Leid gebracht.
Doch diese Zeit, ich weiß es jetzt,
man nur mit Willenskraft und Liebe schafft.

Die Zeit mit Dir ist nun vorbei.
Du ließt mich jetzt allein.
Doch wie es kommt und wie es sei:
Die Zeit mit Dir wird unvergessen sein,
ich halt sie fest wie ein Gebet
wobei am Ende Danke steht.